AF497994

NOTICE
DES LIVRES

SUR

L'ART MILITAIRE, L'ÉQUITATION, L'ARCHITECTURE, LES BEAUX-ATRS, etc.,

PROVENANT DE LA COLLECTION

DE FEU LE CAVALIERE B***

Architecte,

ET DE M. X***, ancien vétérinaire de l'armée d'Italie,

DONT LA VENTE AURA LIEU

LES MARDI 4 ET MERCREDI 5 SEPTEMBRE 1860

à 7 heures et demie du soir très-précises

Rue des Bons-Enfants, 28, maison SYLVESTRE

SALLE No 2, AU PREMIER

Par le ministère de Me J. BOULLAND, commissaire-priseur

10, RUE DE LA MONNAIE.

PARIS

ANCIENNE MAISON SYLVESTRE

CAMERLINCK, libraire (successeur)

RUE DES BONS-ENFANTS, 28.

1860

ORDRE DES VACATIONS

1re VACATION. — Mardi 4 septembre, du numero 1 à 144.

2e VACATION. — Mercredi 5 septembre, du numéro 145 à la fin.

On vendra des lots à la fin de chaque vacation.

Paris.—Typ. de A. Pillet fils aîné, rue des Grands-Augustins, 5.

NOTICE

DES LIVRES

PROVENANT DE LA COLLECTION

DE FEU LE CAVALIERE B***

Architecte,

ET DE M. X***,

Ancien vétérinaire de l'armée d'Italie.

1. Biblia sacra ad optima quæque Veteris et Novi Testamenti, ut vocant exemplaria, castigata. *Lugduni, Tornaesius,* 1558, in-8, fig. en bois du Petit-Bernard, mar. comp., tr. dor., gaufr. (rel. orig.).

2. Quadernos ystoricos de la Biblia. *En Leon de Francia, Juan de Tournes.* 1553, in-8, rel. v. — Les célèbres fig. de la Bible du Petit-Bernard, très-rares, avec le texte espagnol.

   Ce précieux volume est dans sa reliure originale.

3. Figures de la Bible. M. de Vos, inven., A. Capriolus fecit, 12 pl., gr. in-fol. oblong, dem. rel.

4. Figure Biblie clarissimi viri necnon in sacra pagina doctissimi fratris Anthonii de Rampelogis ordinis divi Augustini. *Paris,* Jehan Petit, 1518, in-8 goth., rel. maroq. vert, fil., tr. dor. (Marque d'imprimeur).

5. Disputationes de Deo et Providentia divina, authore Samuele Parkero. *Londini,* 1678, in-4,

6. Prediche di frate Hieronymo de Ferrara (Savonarola) sopra Ezechiel. *Venetia, Arrivabene,* 1520, in-4, vél.

7. Missale secundum consuetudinem Romane Ecclesie. *Venetiis,* *P. Lichtensteyn,* 1544, in-fol. goth., imprimé en rouge et noir, fig. sur bois, vél., tr. dor. (Déchirures aux ff. 91 et 92.)

8. Office de la Semaine sainte, en latin et françois. *Paris*, Mazières, 1746, in-8, fig. mar. r., fil., tr. dor. — Aux armes du Dauphin et de Pologne.

9. Livres d'heures (manuscrits du xve siècle, avec lettres rehauss. d'or et coul.), ens. 2 vol. in-32, rel. v. et mar.

10. Ecclesiæ Anglicanæ trophæa, sive SS. martyrum qui pro Christo, catholicæque fidei veritate asserenda, mortem in Anglia subierunt passiones. *Romæ*, 1584, 35 planches in-fol., cart.

Le titre et planche 7 manquent.

11. Histoire des papes et souverains chefs de l'Eglise. *Paris*, Buon, 1616, in-4, vél.

12. Histoire de la papesse Jeanne, tirée de la dissert. latine de M. de Spanheim. *La Haye*, 1758, 2 vol. in-12, dem. rel.

13. I Quindeci misterii del santissimo rosario, in tre canzoni di Raf. Bonello. *Venetia, Guerra*, 1583, in-4, fig. sur bois, cart. (Titre doublé.)

14. Vite e virtù di D. P. Sin Colao della Cina, e di C. Hiu gran dama cinese, da C. G. Rosignoli. *Milano*, 1700, in-12, portraits, vél.

15. Lauretana beatificationis ven. servae Dei Mariæ Rosæ Agostini informatio super dubio. *Romæ, ex typogr. rev. cameræ apost.*, 1789, in-fol., maroq. r., à riches compart. (Avec les armes de Parme, peintes en huile sur les plats.)

Reliure magnifique, parfaitement conservée.

16. Biblia pauperum. *Venetis, J. de Colonia*, 1477, 2 vol. en un, in-4 goth. à 2 col. vél. (Mouillé.)

Miniature au premier feuillet.

17. M. Tulli Ciceronis de officiis libri tres. *Lugduni Batavorum ex officina elzeveriana*, 1642, petit in-12, rel. mar. r., double de mar. r., fil., tr. dor.

18. Les essais de Michel de Montaigne, nouvelle édition. *Paris*, Christ. Journel, 1695, 3 vol. in-12, anc. rel. mar. r., pet. fers, tr. dor. (Aux armes.)

19. De la sagesse, trois livres, par Pierre Charron. *Leide*, Jean Elzevir, *s. d.*, petit in-12, mar. r. à comp., doublé de tabis, tr. dor. (Bozerian.)

Exemplaire Labédoyère. Portrait ajouté.

20. Henrici Cornelii Agrippæ ab Nettesheym de incertitudine et vanitate scientiarum declamatio invectiva. *S. l.*, 1537, in-8, v.

21. L'Art de connoistre les hommes, par le S^r de La Chambre. *Chez J. le Jeune (Amsterdam, Elzeviers)*, 1660, pet. in-12, bas.

22. L'Art de connoistre les hommes, par le sieur de La Chambre. *Paris*, Jacques d'Allin, 1667, in-12. v. f. fil., tr. dor.

23. Discours politiques des rois, par M. de Scudéry. *Paris*, Quinet, 1663, in-12, v.

24. Gli ornamenti delle donne, scritti per M. Giov. Marinelli. *Venetia, Valgrisi*, 1574, pet. in-8, vél.

> Livre des plus singuliers. Toilette des dames.

25. Opera di M. Bartolomeo Scappi, cuoco secreto di papa Pio Quinto. Divisa in sei libri. — Con il discorso funerale, che fu fatto nelle essequie di papa Paolo III. Con le figure che fanno bisogno nella cucina ed alli reverendissimi nel conclave. *Venetia*, 1598, in-4, fig. en bois, parch.

> Ex. non rogné, mais mouillé. Ce curieux *Cuisinier papal* est important sous le rapport de plus d'un titre.

26. De l'usage du caphé, du thé et du chocolat. *Lyon*, 1671, pet. in-12, veau.

27. Traitez nouveaux et curieux du café, du thé et du chocolat, par Dufour. *Lyon*, 1685, in-12, bas.

28. Ortus sanitatis. De herbis et plantis, de avibus et volatilibus, etc. *Venetiis*, 1511 (sur le titre 1536), in-fol. goth. à 2 col., grand nombre de fig. sur bois, cart.

> Volume fort rare. Curieuses gravures.

29. Augustini Niphi Medices, de Auguriis libri II. Basileæ, Hervagius, 1534, in-8, veau.

30. Chiromantia, Physionomia, Astrologia naturalis, etc. *Parisiis*, Drouart, 1547, petit in-8, fig. sur bois, veau fauve.

31. Libro de phisonomia natural y varios secretos de naturaleza : el qual contiene cinco tratados de materias diferentes, no menos curiosas que prouechosas. Compuesto por C. Cortes, dirigado al maestro Chr. Colon. *Madrid, Madrigal*, 1601, pet. in-8, cart. (Ex. non rogn. mais mouillé, et avec un défaut dans la feuille D.)

> Curieuse réunion de noms. Ce petit volume est dédié par Cortez à Colomb.

32. Profetii dell' abbate Gioachino et di Anselmo vescovo di Marsico. *Padova*, 1625, gr. in-4, fig. sur bois, cart., non rogn. (Taché.)

33. Les Douze chefs de philosophie de frère Basile Valentin. *Paris*, Moët, 1660, pet. in-8, fig., dem. rel.

34. Lume notturno, overo prattica di sogni, di Cesare Merli. *Bologna*, 1614, pet. in-8, vél.

35. Les prophéties de M. Michel Nostradamus. *Lyon*, 1698, in-12, bas.

36. Theatro moral de toda la philosophia de los antiguos y modernos. *Brussellas, Foppens*, 1669, in-fol., fig. d'après Vænius et portr., vél.

   Première édition espagnole, recherchée à canse des gravures. *Brunet*, vol. IV.

37. Del modo di conoscer et sanare y maleficati..., da F. Canale. *Brescia*, 1622, pet. in-12, vél.

38. Compendium maleficarum, per F. M. Guaccium. *Mediolani*, 1608, in-4, fig. sur bois, cart (Volume rare sur les sorcières.)

39. Dialogo di M. Lod. Dolce, nel quale si ragiona del modo di accrescere et conservar la memoria. *Vinegia, Sessa*, 1575, pet. in-8, fig. sur bois, parch.

40. Aretefila, dialogo di L. A. Ridolfi. *Lione, Rovillio*, 1562, in-4, vél.

41. Roberti Boyle. Opera varia. *Genève*, 1680, 2 tom. in-4, vél. (Fig. en bois.)

42. Ottonis de Guericke. Experimenta nova (ut vocantur), Magdeburgica de vacuo Spatio. Amstelodami, Janssonius, a Waesberge, 1672, in-fol., rel. v., fig. (Aux armes de Lamoignon.)

43. Saggi di naturali esperienze fatte nell Academia del Cimento in Firenze. Filippo Cecchi, 1691, in-fol., vél., fig.

44. Manuel d'un cours de chimie, par Bouillon-Lagrange. *Paris*, 1802, 3 vol. in-8, rel. vél. pl.

45. Monte Baldo descritte da Giov. Pona. *Venetia*, 1617. Commentario nè trattati di Dioscoride, et di Plinio, dell' Amomo. *Venetia*, 1617, 2 vol. en un, fig. sur bois, vél.

46. Giardino di agricoltura di M. Bussato. *Venetia, Combi*, 1599, in-4, fig. sur bois, vél.

47. Agrémens de la chasse, par Mitelli (en allemand). *Leipzig*, 1724, in-8, fig., veau.

48. Il Falconiere di J. A. Tuano, coll' uccellatura a vischio di P. A. Bargeo, di G. P. Bergantini. *Venetia, Albrizzi*, 1735, gr. in-4, portr., vél.

49. Proteo militare di Bartolomeo Romano. *Napoli*, 1595. — Instruttione de' bombardieri di Eug. Gentilini da Est. *Venetia*, 1592, 2 vol. en 1, in-4, fig. sur bois, vél.

50. Li diece libri della Pirotechnia, per Vannuccio Biringoccio. *Vinegia, Comin da Trino*, 1559. — Gli artificiosi moti spirituali di

Herone, tradotti da G. B. Aleotti. *Ferrara*, 1589, 2 vol. en 1, in-4, fig. sur bois, vél.

51. La Pyrotechnie, ou art du feu..., composée par Vanoccio Biringuccio et trad par feu maistre Jaques Vincent. *Paris*, Cl. Fremy, 1572, in-4, fig. sur bois, cart.

52. Instruzioni e precetti militari del capitan Dom. Baldi. *Roma*, 1717, in-12, mar. rouge à compart., tr. dor.

    Riche reliure originale, aux armes de Parme.

53. Arte di adoprar la spada per sicuramente ferire e perfettamente diffendersi, da P. Gorio. *Milano, s. d.*, pet. in-8, cart.

54. La nouvelle fortification de Nicol. Goldman. *Leyde, chez les Elzeviers*, 1645, in-fol., fig., vél. (Très-bel exempl.)

55. Della disciplina militare del capitano Alfonso Adriano. *Venetia, Auanzo*, 1566, in-4, fig., vél.

56. Vallo libro continente appertenentie ad capitaneï, retenere et fortificare una città, etc. *Venetia*, 1524, pet. in-8, fig. sur b ois cart.

    Première édition ; M. Brunet cite celle de 1528 comme la première.

57. Le même ouvrage. *Venetia*, 1529, pet. in-8, fig. sur bois, cart.

    Très-rare. Brunet, IV, 56i.

58. Difesa et offesa delle piazze di P. P. Floriani. *Venetia, Baba*, 1654, in-fol., fig., cart. non rogn.

59. L'art de jeter les bombes, par Blondel. *La Haye, Leers*, 1685, in-12, fig., bas.

60. L'artiglieria di Pietro Sardi. *Bologna, Parisini*, 1689, gr. in-fol., fig., cart.

61. Arte dell' armi di Ach. Marozzo. *Venetia, A. Pinargenti*, 1568, in-4, fig. en taille-douce, cart.

62. Trattato in materia di scherma di Marco Docciolini, nel quale si contiene il modo e regola d'adoperar la spada. *Firenze*, 1601, in-4, vél.

63. L'art de faire des armes réduit à ses vrais principes; on y a joint un traité de l'espadon, par J. de Saint-Martin. *Vienne*, 1804, in-4, fig., broch.

64. Chorégraphie, ou l'art de décrire la danse, par Feuillet. *Paris*, 1701. — Recueil de danses composées par Feuillet. *Paris*, 1700. — Recueil de danses composées par Pecour et mises sur le papier par Feuillet. *Paris*, 1700, 1 vol. in-4, fig., v.

65. Cento guochi liberali e d'ingegno, da M. Innoc. Ringhieri. *Bologna, Giaccarelli*, 1551, in-4, parch.

66. **Jeu de cartes de piquet de l'époque de Louis XIV. In-16 dans un étui ferm.**

> Ce jeu de cartes (dont on s'est servi à l'époque, parce qu'il n'est pas bien conservé), est des plus précieux.
> Toutes les cartes ont été dessinées à la main, les costumes des figures sont en étoffe de soie ou d'or.
> 34 pièces.

67. **Lettres sur la danse et les ballets, par Noverre.** *Vienne,* 1767, in-12, broch.

68. **Veterinariae medicinae libri II, Joh. Rueillio Suessionensi interprete.** *Parisiis, S. Colinaeus,* 1530, in-fol., vél.

> Exemplaire sur grand papier, très-rare.

69. **Gli ordini di cavalcare di Fed. Grisone.** *Napoli,* 1550, in-4, fig. sur bois, vél.

> Première édition, précieuse et très-rare.

70. **Ordini di cavalcare, es modi di conoscere le nature di cavalli, da F. Grisone.** *Padoua,* 1558, pet. in-8, fig. sur bois, parch.

71. **Gli ordini di cavalcare di F. Grisone.** *Napoli,* 1568, in-8, fig. sur bois, vél.

72. **Ordini di cavalcare, et modi di conoscere le nature de' cavalli, da F. Grisone.** *Venetia,* 1620. — Scielta di notabili avvertimenti pertinenti à cavalli. 2 part. en 1 vol. in-4, fig. sur bois, vél.

73. **La singolar maniera dell' imbrigliare, attegiare e ferrare cavalli, di C. Fiaschi.** *Venetia,* 1598, in-4, fig. sur bois, cart.

74. **L'arte del cavallo, di Nic. E. Luigi Santa-Polina.** *Padova,* 1696, gr. in-4, portr., broch.

75. **Tractatus in materia equorum D. Hippol. Bonacossae.** *Venetiis,* 1574, pet. in-8, parch.

76. **Il cavalerizzo di M. Claudio Corte.** *Lyone, Marsilii,* 1573, in-4, vél.

77. **L'essercitio della cavalleria et d'altre materie del capitano Flaminio della Croce.** *Anversa, Aertsio,* 1625, in-fol., fig., cart.

78. **Reglas militares del cavallero Melzi sobre el governo y servicio de la cavalleria.** *Milan,* 1619, in-fol., fig., parch.

79. **Opera di mescalcia di M. Filippo Scacchio.** *Roma, Blado,* 1591, in-4. — Trattato dell' imbrigliare, attegiare e ferrare cavalli, di C. Fiaschi. *Venetia, Somasco,* 1603, 2 vol. en un, in-4, fig. sur bois, cart.

80. **Il cavallo da maneggio, di G. B. di Galiberto.** *Vienna,* 1650, in-fol., fig., cart. non rogn.

81. Trattato dell' imbrigliare, attegiare e ferrare cavalli, di C. Fiaschi. Con il trattato di Mescalzia di F. Scacco. *Venetia, Somasco,* 1603, 2 part. en 1 vol. in-4, fig. sur bois, cart.

82. Il cavallo di razza, riconosciuto dal segno de' marchi, raccolta fatta per Anan. Zen. *Venetia,* 1658, in-32, 107 planches, cart., non rogn.

    Exempl. en grand papier.

82 *bis.* Le même ouvrage. Exemplaire sur papier fort, cart.

83. Trattato di A. Q. F. Dandolo sopra la qualità del buon cavallo, l'infirmità che l'occorrono, li rimedii in esse sperimentati. *Padova,* 1722, in-4, cart., non rogn.

84. Anti-maquignonage, pour éviter la surprise dans l'emplette des chevaux, par le baron d'Eisenberg (en italien et français). *Florence,* 1753, gr. in-4, fig., vél.

85. Modèles d'écritures, par M. Baurenfeind (avec texte allemand). *Nurnberg, Weigel,* 1716, in-fol. obl., fig., vél.

86. Thesauro de scrittori, opera artificiosa... di S. Fanto, intagliata per Ugo da Carpi. *Vinegia,* 1535, in-4, fig. sur bois, bas.

87. The Young penmans daily Practice in the current hands and forms of Business. A New Copy Book by Joseph Champion. D. Housard sculps. *London,* in-fol., portrait, cart.

88. Alphabets de chiffres entrelacés simples, doubles et triples. 153 planches. — Supports et cimiers pour les ornements des armes, 17 planches à l'usage des artistes, avec explication, in-8, vél.

89. Illustratione degli epitaffi et medaglie antiche, di M. G. Symeoni. *Lione, G. de Tournes,* 1558, in-4, fig. sur bois, vél.

90. Iconologie, ou les Principales choses qui touchent les vices et les vertus, gravées par J. de Bie, et expliquées par Baudouin. *Paris,* 1677, 2 part. en 1 vol. in-4, fig., vél.

91. Images des héros et des grands hommes de l'antiquité, dessinées par Canini, et gravées par B. Picart. *Amsterdam,* 1731, in-4, 115 planches, cart. non rogn.

92. Iconologia del cavaliere Cesare Ripa. *Perugia,* 1764-67, 5 vol. in-4, grand nombre de planches, bas.

93. Abecedario pittorico.., da P. A. Orlandi. *Bologna,* 1704, in-4, fig. vél.

94. Traicté des manières de graver en taille-douce sur l'airain, par A. Bosse. *Paris,* 1645, in-8, fig., veau.

95. Les premiers éléments de la peinture pratique, par J. B. Cor-

neille. *Paris*, 1684. — Dialogue sur le coloris. *Paris*, 1699, 2 vol. in-12, non rel.

96. Sentimens des plus habiles peintres sur la pratique de la peinture et sculpture, par Testelin. *Paris, Cramoisy*, 1696, gr. in-fol., fig., vél.

97. Franceschi Ficoroni. Dissertatio de larvis scenicis et figuris comicis antiquorum Roman.; ex italica in lat. linguam versa. *Romæ*, 1754, gr. in-4. (Fig grotesques.)

98. Cronica breve de i fatti illustri de' re di Francia, con le loro effigie dal naturale. *Venitia, Giunti*, 1590, in-fol., portraits, vél.

99. — Le même ouvrage. *Venetia*, 1590, in-fol. cart., non rogn.

100. Recueil de costumes. A. Salm fec. 8 planches in-4, non rogn.

101. Della officina istorica di Gio. F. Astolfi. *Venetia, Sessa*, 1622, fig. de costumes d'après Vecellio, grav. en bois, in-4, bas.

102. Tableau de Paris, expliqué en figures. *Yverdun*, 1787, pet. in-4.

105 belles planches, gravées à l'eau forte, représ. les mœurs des habitants de Paris sous le règne de Louis XVI.

103. Michael Angelus Bonarotus pinxit Adam sculptor mantuanus incidit 1645, in-4, mar. r. (Recueil rare, composé de 74 pl., sibylles, prophètes, etc.).

On a ajouté 14 planches, Jésus Christ et les apôtres.

104. Diverse figure al numero di ottanta, disegnate di penna da Annib. Carracci, intagliate in rame. *Roma, Grignane*, 1646. in-fol., vél.

80 planches de costumes; première édition.

105. Recueil de costumes italiens et grecs. S. l., 1782, in fol., 38 pl. cart.

106. Regno di Candia del P. Coronelli. (*Venetia, vers* 1600), in-8, cartes, bas.

Jolies figures de costumes.

107. Le navigatione et Viaggi fatti nella Turchia di Nicolai Nicoali, del Dellinato. *Venetia*, 1580, in-fol. (2 ex. incomplets).

Costumes gravés à l'eau forte d'après les dessins du Titien.

108. Les Beautez de la Perse, par Daulier Deslandes Vandomois. *Paris, Clouzier*, 1673, in-4, fig. par Isr. Silvestre, vél.

109. L'art de peinture, de C. A. Du Fresnoy, augmenté d'un dialogue sur le coloris. *Paris*, 1673, in-12, parch.

110. Della pittura Veneziana, e delle opere pubbliche dei Veneziani. *Venetia*, 1799, 2 vol. in-12, broch.

111. Raccolta di lettere sulla pittura, scultura ed architettura. *Roma*, 1654-57, 2 vol. in-4 rel., vél.

112. Opere di Antonio Raffaello Mengs, publicate dal cavaliere Giuseppe Niccola d'Azara. *Rom* 1787, in-4, rel. vél., fig.

113. Dialogo dell' impresse militari et amorose, di monsignor Giovio. *Lyon, Rouille*, 1574, in-8, vél., fig.

114. Hadriani Junii emblemata. Antverpiæ, *Plantin*, 1565, pet. in-8, fig. sur bois, vél. (défaut aux pages 49 et 50).

115. Monumenta illustrium virorum et elogia, cura ac studio M. Z. Boxhornii. *Amstelodami, Janssonius*, 1638, in-fol, fig., vél.

116. Del significato de colori e de mazzolli. Operetta di Fulvio Pellegrino Morato. *S. l.*, 1545, pet. in-8, dem. rel.

Curieux volume.

117. — Le même ouvrage. *Brixia*, 1569, pet. in-8, parch.

118. Discorso di M. Sebastiano Erizzo sopra le medaglie de gli antichi, con la dichiaratione delle monete consulari. *Venetia, Gio. Varisco e Paganino Paganini*, in-4, demi. rel., veau.

119. Le Caissier italien, ou l'Art de connaître toutes les monnaies actuelles de l'Italie, ainsi que celles de tous les États d'Europe, par Benaven. *Lyon*, 1787, 2 vol. in-fol., fig., bas.

Ouvrage important, le seul qui contienne la description et la représentation des monnaies et médailles des différents États de l'Italie.

120. Marliani topographia urbis Romæ. *Romæ*, 1543, in-fol., fig. sur bois, bas. (Mouillé.)

On trouve dans ce livre rare la première représentation de la statue de Laocoon.

121. Collection factice de plusieurs milliers de portraits, connu sous le nom de *Chronologie collée*, in-fol., v.

Collection précieuse recueillie par J. A. Guérin, chirurgien juré et doct. méd., demeurant à Lausanne, en l'année 1647.
Figures ajoutées.

122. Les délices de la France. *Leide, J. Moukée*, 1685, in-12, vél.

Grand nombre de plans et vues bien gravés. Paris, Rouen, Bordeaux, Nevers, etc.

123. Recueil de scènes populaires, costumes, grav. a l'eau forte par J. de Crispis. 23 planches in-4, non rogn.

Suite intéressante et fort rare.

124. Temple des Muses, ou Collection des sujets les plus intéressants de la mythologie, gravés d'après les dessins de Diepenbeck, élève de Rubens. *Paris*, 1795, gr. in-4, 58 planches, dem. rel.

125. Compositions from the tragedies of Æschylus designed by J. Flaxman, engraved by Th. Piroli. *London, s. d.,* in-fol. obl., 31 planches, broch.

126. Les Argonautes, en 24 planches inventées et dessinées par Carstens et gravées par J. Koch. *Rome, 1799,* in-fol. obl., broch.

127. Embèlmes d'amour, en quatre langues (latin, italien, français, flamand). *A Londe, chez l'Amoureux, s. d.,* pet. in-8, fig., veau.

128. Le Luminose geste di Don Chisciotte, disignate ed incise da F. Novelle. *Venetia, 1819,* in-8, fig., dem. rel. (Ex. sur grand papier.)

129. Le Sententiose imprese, et dialogo del Symeone. *Lyone, G. Roviglio, 1560,* 2 tomes en 1 vol. in-4, fig. sur bois, vél.

130. Salutifera navis narragonicæ profectionis per Seb. Grant. *Impressum per Jac. Zachoni de Romano, 1488,* in-4, fig. sur bois, bas.

> Exemplaire mal conservé. Dans le même volume : Sophologium magistri Jacobi Magni, Jehan de Vingle. Goth.

131. Novo teatro di machine et edificii per varie et sicure operationi..., di V. Zonca. *Padova, Bertelli, 1621,* in-fol.. fig., non rel.

> Une mécanique à filer, avec 100 broches et d'autres moulines se trouvent représentées dans ce volume.

132. La Pratica della perspettiva di monsignor Daniel Barbaro. *In Venetia, 1569,* in-fol., dem. rel., vél.

133. Cosimo Bartoli, del modo di misurare le distantie, le superficie i corpi, etc. *Venetia, Francesco Franceschi, 1589,* in-4, vél.

134. La Geometria prattica di Gio. Pomodoro. *Roma, Ruffinelli,* 1624, in-fol., fig., cart.

135. Lo Ingagno de gl' occhi, prospettiva pratica di P. Accolti. *Firenze, Cecconcelli, 1625,* in-fol, fig., vél. à comp.

136. La prospettiva pratica di B. Contino. *Venetia, 1645,* in-fol., fig., cart.

137. Novo theatro di machine et edificii di Vittorio Zonca. *Padova,* 1621, in-fol., rel., vél., fig.

138. Picturæ antiquæ cryptarum roman et sepulchri nasonum, delin. et expressæ ad archetypa, descripte a J. P. Bellorio et Mic. Angelo Cosseo. *Romæ, 1750,* in-fol., dem. rel. (Belles épreuves.)

139. Perspectiva pictorum et architectorum Andreæ Putei. *Rome,* 1764, 2 vol. in-fol., dem. rel., vél., fig. (La 100ᵉ pl. du tom. 1 est dans cet exempl.)

140. Storia delle arti del disegno presso gli antichi di Giovanni
Winckelmann. *Roma, 1784,* 3 vol. in-4, dem. rel. v., fig.

141. De l'architecture, de la sculpture et de la peinture, par Felibien.
Paris, Coignard, 1699, in-4, fig., vél.

142. Lo inganno de gl' occhi prospettiva pratica di Pietro Accolti.
In Firenze, 1625, in-fol., anc. rel., vél., à dess., fig.

143. M.Vitruvii pollionis de architectura libri X. *Argentorati,* Kno-
loch, 1550, in-4, fig. sur bois, dem. rel.

144. Regola dell cinque ordini d'architettura di M. Jacomo Baroz-
zio da Vignolla. *In Vendia, s. d.,* in-fol., rel. veau, pl.

145. M. L. Vitruvio Pollione di architettura, tradotto Lucio Duran-
tino. *Venetia,* Zoppino, 1535, in-fol., rel. veau, fig. en bois.

146. Architettura, con il suo commento et figure. Vetruvio in vol-
gar lingua per G. Caporali. *Perugia, nella stamperia del eonte
J. Bigazzini,* 1536, in-fol., fig. sur bois, parch. (Mouillé.)
   Rariss., impr. dans la maison du comte.

147. J dieci libri dell. architettura di Vitruvio tradotti e commen-
tati da Daniello Barbaro. *Vinegia,* Fr. Marcolini, 1556, in-
fol., rel. vél. (Fig. sur bois.

148. Roma antica e moderna, o sia nuovo descrizioni della cità di
Roma. *Roma,* 1750, 3 vol. in-8, vél.

149. L'Architettura di Leon Batista Alberti. *In Venetia,* 1565, in-4,
rel. vél.

150. Regole generali di architettura di Sabastiano Serlio. *Venetia,
Nicolini,* da abio 1544, in-fol., rel., vél., fig. (Marque d'im-
prim. au commenc. et à la fin.)

151. Tutte l'opere d'architettura di Serlio con un indice copiosis-
simo raccolte da Gio. Dom. Scamozzi. *Venetia, Giacomo de'
Franceschi,* 1619, in-4, vél. (Fig. en bois.)

152. Architettura universale di Vincenzo Scamozzi. *Venezia,* G. Albrizzi, 1694, in-fol., vél., fig.

153. I Quatro libri dell' architettura di Andrea Palladio. *In Venetia,
Carampello.* 1601, in-fol., vél. (Fig. en bois.)

154. Palladio Andrea. Les Bâtimens et les Dessins, rec. et illustr.
par Oct. Bertotti Scamozzi, en ital. et en franç. *Vicence,* 1776-
83. Les Thermes des Romains. *Vicence,* 1785. Ens. 5 vol. gr.
in-fol. rel. v., fig.
   Belles épreuves.

155. Storia dell' arte col mezzo dei monumenti dalla sua decadenza
nel IV seculo fino al suo risorgimento nel XVI di G. B. L. G.

Seroux d'Agincourt. *Milan, Ranieri,* 1827, in-fol., dem. rel., vél.

156. Monumenti antichi inedite da Giovanni Winckelmann, ec. secunda edizione : aggiuntivi alcune erudite addizioni. *Roma,* dai torchy di Carlo Mardacchini, 1821, 2 vol. in-fol., cart., fig. — Richerche sopra un Apolline della villa del card. Aless. Albani, dissertatione (ed altre dissertazioni) da Stef. Rafei. *Roma,* 1821, in-fol., cart., fig. Ens. 3 vol.

157. Traité d'architecture, par Seb. Le Clerc. *Paris,* 1714, 2 vol. in4-, 181 pl , bas.

158. Le Vignole des ouvriers, par Charles Normand. *Paris,* 1831, 3 vol. in-4, dont 2 de pl., cart.

159. Figures d'architecture, ornements, etc., par Caramuel. *Viglevani,* 1678, 5 part. en 1 vol. in-fol., v.

160. Maisons de plaisance ou palais de campagne de l'État de Milan, où l'on voit leurs plans et perspectives, par Marc-Antoine Dal Ré. *Milan,* 1743, 2 vol. in-fol., grand nombre de pl. cart. non rogn.

> Brunet, II, pag. 5. Onvrage important.

161. La Géométrie pratique, divisée en IV livres, par Allain Manesson Mallet. *Paris,* impr. royale, 1702, 4 vol. gr. in-8, fig. bas.

> L'ouvrage contient plusieurs centaines de vues des monuments de Paris et des environs, grav. en taille-douce.

162. Modèles de menuiserie. *Paris,* Bance, 1827, in-8 cart., pl.

163. Modèles de menbles et de décorations intérieures pour l'ameublement, dess. par M. Santi, gr. par Mme Soyer. *Paris,* Bance, 1828, in-fol. cart., pl.

164. Tableau de l'histoire d'Orange, de l'estat et principauté d'Orange, par J. de la Pize. *La Haye,* 1639, in-fol., fig., vél.

> Figures d'antiquités qui se trouvent à Orange.

165. Dictionnaire français-italien et italien-français, par l'abbé Alberti de Villeneuve. *Livourne,* 1833, 2 vol. in-4, rel. vél.

166. Dizionario tascabile veneziano-italiano, di E. Paoletti. *Venezia,* 1851, in-12, br.

167. Quadro storico dello stato civile, politico e letterario della Grecia e dell' Italia relativemente alle belle arti, *s. l. n. d.* In-fol. br.

168. Cicéron des Aldes. Epistolae familiares, 1543, 1 vol — Epistolae ad Atticum, Brutum, Anintum, 1544, 1 vol. — Orationes, 1554, 3 vol. — Opera philosophica, 1546, 2 vol. — Opera rhetorica, 1546, 1 vol. — Ensemble 8 vol. *Venetiis, Aldus,* pet. in-8, rel.

169. Valerii Maximi dictorum factorum que memorabilium exempla. *Lyon*, 1558, in-8, rel. vél.

170. Quintus Horatius Flaccus, cum scholiis perpetuis Johannis Bond. *Parisiis*, N. L. Achaintre, 1806, in-8, rel. v. f. fil., tr. dor. gr.

171. Q. Horatii Flacci opera, collatis edd. optimis edidit Joh. Aug. Amar. *Paris*, Lefevre, 1821, in 18, mar. r. dent. tr. dor.

172. P. Virgilii Maronis opera. *Amstelaedami*, 1730, in-18, v. f. dent., tr. dor.

173. Ovidii Nasonis poete ingeniosissime metamorphoseos libri XV. *Venetiis*, 1540, in-fol., cart. (fig. en b. dans le texte.)

174. P. Ovidii Nasonis opera, cum notis sellectiss. variorum accurante C. Schrevelio. Lugduni Batavorum, ex officina Petri Leffen, 1661, 3 vol. in-8, vél., fr. gr.

175. Catullus, Tibullus et Propertius. Lugduni Batavorum, 1743, in-12, v. m., tr. dor. (fr. gr.)

176. Le Quattrocento favole di Esopo. *Venezia*, 1718, in-8, fig. sur bois, dem. rel.

177. Persii satyrae. *Mediolani, Scinzenzeler*, 1490, in-fol., cart. (Edition très-rare.)

178. De arte bibendi libri tres, autore V. Obsopaeo. De arte jocandi libri quatuor Math. Delii. *Francofurti*, 1578, pet. in-8, parch.

179. Les OEuvres de Clément Marot, de Cahors. *La Haye*, 1702, 2 vol. in-12, v.

180. Les OEuvres et tragédies de Robert Garnier. *Rouen*, 1605, in-12, v. (Manq. le titre.)

181. OEuvres de François Villon, avec les remarques de diverses personnes. *La Haye*, Adrien Moetjens, 1742, in-8, rel. v. f.

182. Les OEuvres de Théophile, divisées en trois parties. *Rouen*, Jean de la Mare, 1629, 3 part. en 1 vol. in-8, dem. rel.

183. Les OEuvres de monsieur de Voiture. *Paris*, Mauger, 1693, in-8, portr., v.

184. OEuvres de François de Malherbe, avec les observations de M. Ménage et les remarques de M. Chevreau. *Paris*, Barbou, 1723, 3 vol. in-12, v. f.

185. Madrigaux de M. de la S... (la Sablière). *Paris*, Claude Barbin, 1680, in-12, v. (Première édition.)

186. Poésies sur la constitution Unigenitus, recueillies par le chevalier de G... *Villefranche, Ph. Bethumeur*, 1724, 2 vol. in-8, fig., br. (Rare.)

187. OEuvres de Jean-Baptiste Rousseau. *Bruxelles*, 1743, 3 vol. in-4, rel. v. f. portr. (gr. pap.)

188. OEuvres de Colardeau, de l'Académie française. *Paris*, 1779, 2 vol. in-8, fig., mar. v. fil. tr. dor.

    Très-bel exemplaire sur grand papier fort.

189. Les Philippiques, en cinq odes, avec des notes hist. par **M**. de la Grange-Chancel. *Paris*, chez les libraires associés, 1723 (joli manuscrit original, avec portr. de Philippe d'Orléans d'après Coypel), in-4, mar. r., fil. tr. dor. (Anc. rel.)

190. Le Chef-d'œuvre d'un inconnu, poëme découvert et mis au jour par le d.r Chrisostome Mathanasius. *Paris*, 1807, 2 vol. in-8, cart., n. rogn.

191. Dante. Con nuove et utile ispositioni. *In Lione, Rovillio*, 1575, in-16, parch.

192. Lo illustro poeta Cecho Dascholi. *Milano, Scinzenzeler*, 1521, in-4, fig. sur bois, dem. rel. v. f. (rare). Titre taché.

193. Orlando furioso di messer Ludovico Ariosto. *In Venetia*, Andrea Valuassore, 1553, in-8, anc. rel. v.

    Manque titre et dédicace (2 ff.),

194. Orlando furioso, de M. Lud. Ariosto, traduzido en romance castellano, por H. de Urrea. *Leon, M. Bonhomme*, 1556, in-4, fig. sur bois, **v**. (Mouillé.)

    Traduction espagnole, très-rare.

195. La prima (segonda, terza e quarta) parte de le rime di Magagno, Menon, e Begotte, in lingua rustica padovana. *Venetia*, 1659, 4 part. en 1 vol. pet. in-8, cart.

    En patois.

196. Lo Armidoro di Giov. Soranzo. *Milano*, 1611, in-4, vél.

    Poëme héroïque en 42 chants.

197. La Gerusalemme liberata di Torquato Tasso. *Genova, Pavoni*, 1617, in-fol., fig. v.

198. La Hierusalem délivrée du Tasse. *Paris*, Thierry, 1670, 2 vol. in-18, v., fig.

199. Tutti i trionfi, carri, mascherate o canti carnascialeschi andati per Firenze dal tempo del Magnifico Lorenzo de' Medici. *In Cosmopoli*, 1750, 2 vol. en un gr. in-8, fig., dem. rel. n. rogn.

    Bonne édition de ces facéties.

200. Bertoldo con Bertoldino e Cacasenno, in ottava rima, aggiuntovi una traduzione in lingua *bolognese. Bologna*, 1744, 3 vol. in-12, vél.

201. Las Tres Musas ultimas castellanas, por A. Quevedo y Villegas
Madrid, 1670, in-4, vél.

202. Euripidis tragœdiæ græce. Basileæ, 1537, in-8, rel. en bois
(fermoirs). Bel exemplaire.

203. Æschyli tragœdiæ VII Antuerpiæ, *Christoph. Plantin*, 1580,
in-32, rel. mar. r., tr. dor. (Anc. rel.).

204. Le Tragedie di Seneca, tradotte da M. Lodovico Dolce. *Venetia,
Sessa*, 1560, in-12, vél.

205. Laure persécutée, tragi-comédie de Rotrou. *Paris*, 1650. — Pau-
sanias, tragédie de Quinault, *Amsterdam*, Ant. Schelte, 1697.
— La Généreuse ingratitude, pastorale de Quinault. *Amst.*,
1697. Ens, 3 p. réun. en in-18, fig., veau.

206. Le Dictateur romain, tragédie; la comédie des Tuileries, la
Belle plaideuse. Ens. 3 p. réun. en in-18, fig., veau.

207. Les Œuvres de Molière. *Amsterdam*, 1744, 4 vol. petit. in-12,
fig., cart. non rogn.

Édition recherchée à cause des jolies gravures de Punt. Mouillures

208. Théâtre de P. Corneille, avec les commentaires (par Voltaire).
S. l., *Genève*, 1773, 10 vol. in-8, fig. de Moreau et autres, veau
éc., fil.

Bel exemplaire.

209. Théâtre de campagne, ou Recueil de parades les plus amusantes,
jouées sur les théâtres bourgeois : Bucéphale, Biscuits, Siro-
pocul, Pot de chambre cassé, etc. *Angopolis*, et s. l. n. d., in-8,
cart.

Collection factice fort rare, citée dans la collection scatologique.

210. Théâtre de société, comprenant : Les Plaisirs du cloître, coméd.
— la Chauve-souris du sentiment, coméd. —L'Appareilleuse,
Vasta, l'Oracle, etc. *Paris*, 1756-73, réun. en in-8, veau.(Très-
curieux.)

211. Éditions originales de comédies de Boyer. (Federic, Policrate,
Feste de Venus, Lisimene). *Paris*, 1660 et suiv., in-12, bas.

212. Théâtre édifiant, ou tragédies tirées de l'Écriture sainte, par
M. Duché. *Paris*, 1757, in-12, veau.

213. Extr. du Roman du vray et parfait amour, écrit en grec, par
Athénagoras; description du temple de Jupiter Hammon.
Manuscrit in-4, dem rel. (Nombr. pl. color.)

214. Apuleio dell' asino d'oro, tradotto per Angelo Firenzuolo. *Vinegia, Giolito*, 1565, pet. in-8, fig., d. rel. mar.

215. Libro intitolato Aquila volante, di latino in volgar lingua da

Leonardo Aretino tradotta. *Venetia, Sessa*, 1543, pet. in-8, dem. rel. maroq.

216. La Dilettevole historia del valoroso Parsaforesta, re de la gran Brettagna. *Venetia, Tramezzino*, 1556, pet. in-8, parch.

Le roman de Perceforest.

217. La Floride de Du Verdier. *Paris. Sommaville*, 1625, 2 part. en 1 vol. in-8, maroq. r., tr. dor. (Anc. rel.).

218. Heptameron. Les Nouvelles de Marguerite de Valois, reine de France. *Berne*, 1790, 3 vol. in-8, fig. de Freudenberg et d'Eisen, veau.

Belles épreuves.

219. L'Heptameron, ou Histoire des amans fortunez des Nouvelles de très illustre Marguerite de Valois, remis en son vray ordre par Claude Gruget. *Paris*, 1615, in-12, vél.

220. Les Cent nouvelles nouvelles. Suivent les Cent nouvelles, contenant les Cent histoires nouveaux. *Lahaye*, Gosse, 1733, 2 vol. in-12, veau.

221. Les Contes du seigneur d'Ouville. *Amsterdam, Desbordes*, 1732, 2 vol. in-12, veau.

222. Scanderbeg (par Chevreau). *Paris, Quinet,* 1644, 2 vol. in-8, vél·

223. Decamerone di Giov. Boccacci. *Amstersdamo*, 1718, 2 vol. in-8' cart. non rogn.

224. Hecatommithi overo cento novelle di M. Giovan. Battista Giraldi Cinthio. *Venetia, Zoppini Fratelli*, 1580, in-4, vél.

225. Opere volgari e latine del conte Baldessar Castiglione, novellamente raccolte da Gio. Antonio e Gaetano Volpi. *Padova, Giuseppe Comino*, 1733, in-4, dem. rel., port.

226. Vida y Hechos del ingenioso cavaliero don Quixote de la Mancha, compuesta por Miguel de Cervantes Saavedra. *Amberes, Verdussen*, 1673, 2 vol. in-8, rel. veau, fig. (Aux armes.)

227. Le Gueux. ou la Vie de Guzman d'Alpharaches. *Rouen, L. du Mesnil*, 1646, 2 part. en 1 vol. in-8, vél.

228. La prima, seconda et ultima parte de ragionamenti di Pietro Aretino. — Commento di ser Agresto da Ficarvola sopra la prima ficata del Padre Siceo. *Bengodi*, 1584, 4 part., 1 vol. pet. in-8, mar. rouge, fil., tr. dor. (Rel. orig.).

La bonne édition. Ex. mouillé.

229. Il puttanismo moderno con il novissimo parlatorio delle monache. Operetta piacevole e curiosa, s. *l. n. d. (Hollande, vers* 1640), in-12, cart.

Volume de la plus grande rareté. Édition originale. Ex. non rogné, mais quelques feuillets déchirés.

230. Cento favole bellissime, scielte da **M**. Verdizotti. *Venetia*, 1661, in-8, fig. sur bois, cart.

231. Frutti, i fiori, le foglie de la Zucca del Doni. *Vinegia, Marcolini*, 1552, 1 vol. petit in-8, fig. sur bois, dem. rel. vél.

232. La Zucca del Doni, divisa in cinque libri. *Venetia, Zanetti*, 1595, pet. in-8, parch.

233. Proverbi italiani. Proverbi italiani e latini, da Orlando Pescetti. *Venetia, Spineda*, 1603, 2 vol. en un in-24., d. rel.

234. — Le même livre. *Venezia*, 1629, in-24, vél.

235. Proverbi e sentenze notabilissime di Giac. Peri, con una nuova raccolta di rime. *Venetia, Combi*, 1625, pet. in-12, dem. rel.

236. Essai sur l'usage de la raillerie et de l'enjoument dans les conversations. *La Haye*, 1710, pet. in-12, bas.

237. Apologie de monsieur de Balzac et le Barbon dudit Balzac. *Paris, E. Loyson*, 1663, in-12, veau.

238. C. Crespi Sallustii in *M. T. Ciceronem* oratio et Ciceronis in eumdem responsio, cum F. Sylvii Ambiani commentariis *Parisiis, Bodius*, 1532, in-4, anc. rel. v. à dess. (Marque d'imprimeur.)

239. Jacobi cruci suada delphica sive orationes XLV varii argumenti. *Amsterodami, Janssonius*, 1650, in-12, veau f.

240. M. T. cic. epistolarum ut vocant familiarum, libri XVI. *Lugduni Seb. Gryphius*, 1553, in 18, veau, tr. dor.

241. Nouveau recueil de lettres politiques, morales et amoureuses. *Paris, Quinet*, 1638, 3 part. en un vol. in-8, vél.

242. Lettere della Sig. Donna Lucretia Gonzaga da Gazuolo. *Vinegia*, 1552, pet. in-8, parch.

243. De le lettere facete et piacevoli di diversi huomini, et chiari ingegni, raccolte per Dion. Atanagi. *Venetia, Zaltieri*, 1565, pet. in-8, parch.

244. Les Epistres de maistre François Rabelais, avec des observations historiques. *Paris, Ch. de Sercy*, 1651, pet. in-8, maroq. noir, tr. dor. (Anc. rel.)
    Portrait par Michel Lasne.

245. Epistres françoises des personnages illustres et doctes, à M. le comte Joseph Juste de la Scala, mises en lumière par Jaques de Reves. *Harderwyck, Henry*, 1624, pet. in-8, parch.

246. Les Lettres et Epitres amoureuses d'Héloïse et d'Abeilard. Au Paraclet, 1774, 2 vol. in-12, v.

247. L'Utopie de Thomas Morus, trad. nouvellement en français par M. Gueudeville. *Leide*, Vander Aa, 1715, in-8, v. (Fr. gr.)

248. Histoires plaisantes et ingénieuses recueillies de plusieurs bons

auteurs grecs, latins, espagnols et françois. *Paris*, Josset, 1663, in-8, v. (Aux armes de Mme de Pompadour.)

249. Le Facétieux réveille-matin des esprits mélancholiques. *Rouen*, *Ferrand*, 1664, pet. in-12, dem. rel.

250. Les Quinze joyes de mariage, ouvr. auquel on a joint le Blason des fausses amours, le Loyer des folles amours, le Triomphe des Muses contre Amour. *La Haye*, Bogissart, 1734, in-12, **v.**

251. Anecdotes sur Mme la comtesse du Barri. *S. l.*, 1776, 2 part, en un vol. in-12, vél.

252. Las obras y relaciones de Ant. Perez, par *Juan di Tornes*, 1644, in-8, vél.

253. Johannis Bernarti de utilitate legendæ historiæ libri duo. Antuerpiæ, ea officina plantiniana. J. Moreti, 1593, in-8, vél.

254. Histoire des deux triumvirats, augm. de l'Hist. d'Auguste, de Larrey. *Amsterdam*, Mortier, 1715, 4 tom. en 3 vol. in-12, fig. v.

255. Plinii secundi historiæ mundi libri XXXVII. *Lyon*, 1587, in-fol., rel. vél.

256. Quintus Curtius. *Londini*, typis J. Brindley, 1746, 2 vol. in-18, mar. r., tr. dor.

257. Caii Sallustii Crispi quæ extant. *Londini*, J Brinley, 1744, in-18, v., m., tr. dor.

258. Ammiano Marcellino, delle guerre de Romani, tradotto per M. Remigio Fiorentino. *In Venetia*, 1550, in-8, rel vél.

259. Giustino historico nelle historie di trogo Pompeo tradotto per Thomaso Porcacchi. *In Vineggia*, 1561, in-4, dem. rel., vél.

260. Giosefo Flavio. Guerre ed antic giudaiche. *Venetia*, 1581, in-4, dem. rel., vél.

261. Originum Francicarum, libri VI, authore Johanne Isacio Pontano. *Harderuici*, Thomas Henricus, 1616, in-4, veau.

262. Sabina sagra e profana antica e moderna. *Roma*, 1790, in-4, rel. v., pl.

263. Gli annali di Cornelio Tacito, cavalier romano. *In Venetia*, 1589, in-4, vél.

264. Relation du voyage fait au Levant par M. de Thevenot. *Paris*, 1665-85, 3 vol. in-4, vél.

On trouve rarement les trois volumes réunis. (Brunet, IV, 463.)

265. Journal du voyage du chev. Chardin en Perse et aux Indes orientales. *Londres*, 1686, in-fol., fig., veau. (1re édition.)

266. Viaggio di M. Césare dei Federici nell' India orientali et oltra India. *Venetia, Muschio,* 1587, pet. in-8, cart.

Voyage rare; voir Brunet.

267. Viaggio del R. P. Noè Bianco fatto in Terra santa. *Venetia, G. de Cavalli,* 1566, pet. in-8, cart.

Voyage très-rare. Brunet, I, 314.

268. Viaggi orientali del P. Filippo della SS. Trinita, nel molti regni dell' Oriente. *Venetia,* 1683, in-16, cart.

Ex. presqne non rogn. d'un voyage rare.

269. Historia della China, descritta nella lingua spagnuola da G. di Mendozza, et tradotta nell' italiana da F. Auanzo. *Venetia,* 1586, pet. in-8, vél.

269 *bis.* Le même ouvrage. *Venetia,* 1588, pet. in-8, parch.

270. Viaggio del P. Mich. Ang. de Guattini et del P. Dion. de Carli nel regno del Cogno. *Reggio,* 1672, pet. in-12, dem. rel.

271. Viaggio in Asia, Africa et Europa di G. B. de Burgo, vicario de Killaly. Parte seconda. *Milano,* 1686, pet. in-12, vél.

272. Memorie istorio grafiche delle regni della Morea et Negroponte, da P. M. Coronelli. *Venezia,* 1686, gr. in-fol., fig., vél.

273. Il regno tutto di Candia, delineato et intagliato da M. Boschini. *Venetia,* 1651, in-fol., 61 planches, cart. non rogn.

274. L'Egeo redivivo o sio chorographia del Arcipelago, di F. Piacenza. *Modona,* 1688, in-4, fig., parch.

275. Del regno d'Italia sotto à barbari epitome del conte E. Tesauro. *Torino, Zanatta,* 1664, in-fol., fig. et portraits, vél. (Brunet, IV, 428.)

276. Satyre Ménippée de la vertu du Catholicon d'Espagne et de la tenue des estats de Paris. *Ratisbonne,* Mathias Kerner, 1664, rel. v. f., tr. dor. (Fig. de la procession.)

277. Histoire des ducs de Bourgogne, par M. de Fabert. *Cologne,* P. Marteau (à la Sphére), 1689, 2 vol. in-12, v. marbr.

278. Tableau historique pour servir à la connaissance des affaires de l'électorat de Saxe, par Canzler. *Dresde,* 1786, in-4, cart., non rogn.

Sur Auguste, la Pologne, etc.

279. I Goti illustrati, overo istoria de Goti antichi, di D. Ropaligero Liviano. *Verona,* 1677, in-fol., dem. vél.

280. Histoire des Provinces-Unies des Pays-Bas, par M. Le Clerc, avec les principales médailles et leur explication. *Amsterdam, Chatelain,* 1737, 4 vol. in-fol., fig., veau.

281. Vite di Plutarcho Cheroneo sommo filosofo. *Venetia*, 1570-1620, 2 vol. in-4, rel. vél.

282. Cornelii Nepotis excellentium imperatorum vitæ. *Londini*, typis J. Brindley, 1744, in-18, rel. v. m., tr. dor.

283. Genealogiæ Joa. Boccatii. Eiusdem de montibus et sylvis, etc. *Venetiis, Octav. Scotus*, 1494, in-fol., fig., cart.

284. Natalis comitis mythologiæ sive explicationum fabularum libri decem. *Venetiis*, 1568, in-4, rel. vél.

285. Liste générale des postes de France. *Paris*, 1742, in-16, v. (Entièrement gravé.)

286. Ritratti della prosapia et heroi Moncadi nella Sicilia opera historica encomiastica del padre D. Gio. Agostino. *Valenza*, 1657, 2 vol. in-4, vél. Nombr. grav. en bois. (Aux armes.) Très rare.

287. Giuoco d'armi dei sovrani e stati d'Europa, di Oronce Finè, detto de Brianville. *Napoli, Bulifon*, 1677, in-16, blasons, vél.

288. Histoire généalogique de la maison de Savoie, avec les preuves. *Lyon, G. Barbier*, 1660, 2 vol. in-fol., fig. et blasons dans le texte, bas.

    Brunet, II, pag. 487.

289. Histoire généalogique de la royale maison de Savoie, par S. Guichenon (sans les preuves). *Turin*, 1778, 3 vol. in-fol., fig. et blasons, dem. rel.

290. Lettre de Bernardin de Saint-Pierre à Mlle de ***. (Il lui demande de lui trouver une maison de campagne près Montmorency.) Autographe d'une page et demie avec signature, daté de Paris, sept. 1791, avec adresse.

Dans le courant de septembre, la vente des livres composant la bibliothèque de M. J. J. ***.

En distribution, le catalogue de la première partie de la vente de M. A. Hennequin, qui aura lieu le mardi 23 octobre et jours suivants.

Paris. — Typographie de Pillet fils aîné, rue des Grands-Augustins, 5.